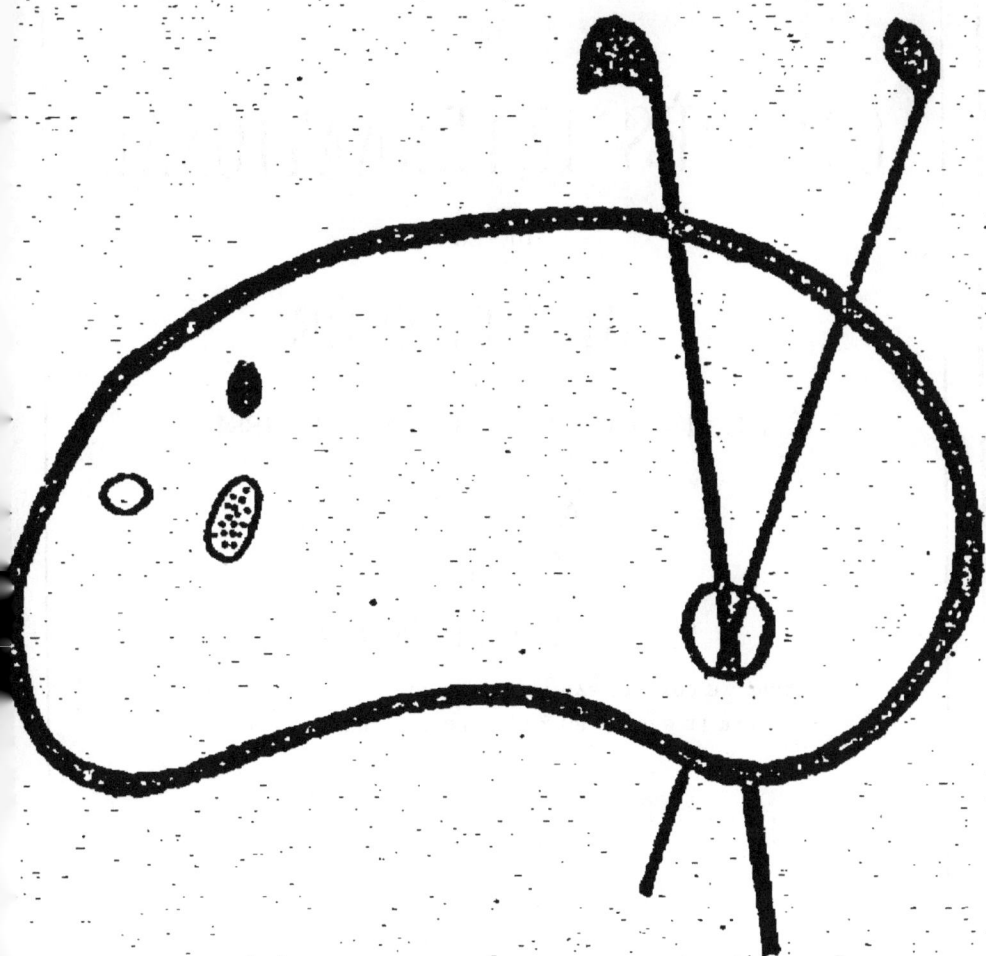

COUVERTURE SUPERIEURE ET INFERIEURE
EN COULEUR

COMPTE-RENDU

DU

CONGRÈS INTERNATIONAL

DE LA

LIBRE-PENSÉE

DU 18 AU 22 SEPTEMBRE 1881

A PARIS

PAR LE

Citoyen Edmond TOUSSAINT

DÉLÉGUÉ AU CONGRÈS PAR LE GROUPE DE ST-PIERRE-LÈS-CALAIS
ET PAR LE GROUPE DU 2.me ARRONDISSEMENT DE PARIS

~~~~

DEUXIÈME ÉDITION
AUGMENTÉE, REVUE ET CORRIGÉE

~~~~~~

Prix : 1 franc

~~~~

NICE

IMPRIMERIE ET STÉRÉOTYPIE V.-EUG. GAUTHIER ET Cie,
Descente de la Caserne, 1.

1882

COMPTE-RENDU

DU

CONGRÈS INTERNATIONAL

DE LA

LIBRE-PENSÉE

DU 18 AU 22 SEPTEMBRE 1881

A PARIS

PAR LE

Citoyen Edmond TOUSSAINT

DÉLÉGUÉ AU CONGRÈS PAR LE GROUPE DE ST-PIERRE-LÈS-CALAIS
ET PAR LE GROUPE DU 20ᵐᵉ ARRONDISSEMENT DE PARIS

~~~~~~

DEUXIÈME ÉDITION
AUGMENTÉE, REVUE ET CORRIGÉE

~~~~~~

NICE

IMPRIMERIE ET STÉRÉOTYPIE V.-EUG. GAUTHIER ET Cᵒ,
Descente de la Caserne, 1.

——

1882

*Dédié au Citoyen Béon, Président
de la Libre-Pensée de Nice (Alpes-
Maritimes).*

Ce 21 Janvier 1882.

Salut et Solidarité.

Edmond TOUSSAINT,
144, Rue Saint-Maur. — Paris.

ADRESSE

DE LA

FÉDÉRATION FRANÇAISE

AUX LIBRES-PENSEURS

Paris, le 28 août 1881.

Citoyens,

Le Congrès universel de Bruxelles, dans
sa séance du 1er septembre 1880, a décidé
que le Congrès universel de 1881 se tiendrait à Paris, au mois de septembre, et que
les groupes constitués de la France seraient
chargés de l'organiser.

La Fédération française de la Libre-
Pensée a convoqué un premier Congrès
préparatoire au 5 décembre 1880, et un
deuxième Congrès au 1er mai 1881; tous

les groupes français y ont été invités et ont fixé l'ouverture du Congrès universel au 18 septembre 1881.

Le Conseil général de Londres a été immédiatement informé de cette décision ; il a formellement refusé d'y adhérer, et de sa propre autorité, il a résolu que le Congrès universel de 1881, fixé à Paris par le Congrès de Bruxelles, se tiendrait à Londres.

La Fédération française,

Considérant que le Conseil général de Londres est simplement un Comité administratif et non un Comité de direction de la Libre-Pensée ;

Considérant qu'il n'a pas le droit d'infirmer ou de modifier les mesures arrêtées par le Congrès universel de Bruxelles ;

Protestant en outre contre cette usurpation de fonctions ;

Décide qu'elle a le devoir de veiller à l'exécution des votes émis par les Congrès de Bruxelles 1880, et de Paris, décembre 1880 et 1er mai 1881.

En conséquence, les groupes fédérés

français de la Libre-Pensée vous invitent
à envoyer vos délégués au Congrès universel, qui se tiendra du 18 au 22 septembre 1881 inclus, salle du théâtre Oberkampf.

Pour la Fédération :

La Commission :

Les Citoyens BERGEROL, CARRIÈRE,
HECTOR FRANCE, MARÇAIS, TOUS-
SAINT, *et Citoyenne* BONNEVIAL.

Le Secrétaire,

PEMPEL.

———

SIÈGE SOCIAL
De la Fédération française des groupes socialistes
de Libre-Pensée :
Rue Rambuteau, 61. — Paris.

ORDRE DU JOUR

DE LA

PREMIÈRE SÉANCE DU DIMANCHE 18 SEPTEMBRE
neuf heures du matin

Vérification des pouvoirs des Délégués.

ORDRE DU JOUR

DES SÉANCES SUIVANTES

QUESTIONNAIRE

ARRÊTÉ PAR LE CONGRÈS DE BRUXELLES

Question scientifique :

Des données fournies par la science moderne
sur l'origine des idées religieuses dans l'humanité.

Questions pratiques :

1° De la Séparation des Églises et de l'État.

    A. Dénonciation des concordats.

    B. Suppression du budget des cultes.

    C. Suppression des immunités, privi-
        lèges et exemptions accordés aux
        ministres des cultes.

D. Suppression de tout enseignement religieux dans les écoles publiques.

2° Du droit des pouvoirs publics sur les associations religieuses.

A. La liberté d'association implique-t-elle le droit, pour les corporations, d'acquérir et de posséder ?

B. Dans la négative, quels sont les moyens de faire respecter la loi et d'empêcher la reconstitution des biens de mainmorte ?

3° Du droit d'enseigner.

A. Quel est le droit de la famille sur l'éducation philosophique et religieuse de l'enfant ?

B. Le droit d'enseigner dans les écoles, tant privées que publiques, peut-il être légitimement subordonné à certaines conditions de moralité et de capacité ?

Question ajoutée par le Congrès national du 1ᵉʳ mai 1881 :

De l'influence de la Libre-Pensée dans la question sociale.

---

*Modifications
aux Statuts de la Fédération universelle
proposées par le Congrès national
de décembre 1880 :*

A l'article 1ᵉʳ, remplacement du mot : *rationalistes* par le mot : *athées.*

A l'article 2, même modification, et remplacement des mots : *préjugés religieux,* par les
mots : *tous les préjugés et surtout les préjugés religieux.*

A l'article 3, remplacement des mots: *le siège
en est à Londres,* par les mots : *le Congrès
universel fixera chaque année le siège du
conseil général pour l'année suivante.*

———

Proposition du Congrès de décembre 1880 :

Demander que le Congrès universel de 1882
se tienne à Rome, siège de la papauté et cita-
delle du cléricalisme.

———

Punch offert aux délégués de la province
et de l'étranger

La Fédération, le samedi 17 septembre veille
de l'ouverture du Congrès, offrit aux délégués
de la province et de l'étranger, un punch
fraternel, à son siège social.

Divers toast furent portés par les citoyens
Francolin, député, Lepelletier, Pempel, Périnelle, Toussaint, à l'avenir de la Libre-
Pensé et à la bienvenue des délégués venant
avec la Fédération jeter les assises de l'abolition des préjugés et à combler les fossés
qui nous séparent les uns des autres. Une
discussion toute amicale s'engagea ensuite
comme préliminaire du bon combat qui
devait s'engager le lendemain, au sujet
des questions religieuses, scientifiques et
sociales, entre les citoyens Francolin, Le-
creux (dit Jacques France), Lepelletier, Pempel, Toussaint, Van Caubergh et Wattel.

Ensuite on se sépara aux cris de vive la
Libre-Pensée, vive la République démocratique et sociale.

LIBRE-PENSÉE SOCIALISTE

—

CONGRÈS INTERNATIONAL DE 1881

Du 18 Septembre au 22 inclus

—

Groupes présents

—

Paris (arrondissements) et Délégués.

———

CITOYENS

3me *Groupe* — Malcher et Citoyenne Maniere.

4me   »   Amouroux, Fleury et Citoyenne La Cécilia.

10me   »   Pempel, Sénéchal, Viguier ; Adjoints : Raoul, Canivet, Miné.

11me   »   Larocque, Morignat, Ory, Ranvier.

12mo   »   Besmon, Perinelle.

13me *Groupe* — Athée et Gentilly. — Aureille, Bieber, Mouret, Patriarche, Pithou, Touzé, et Citoyenne Touzé.

14me » Descamps, Fomberteaux, Martelet.

15me » Brun, Lamorlette, Puff.

17me » Schellinck, Terrade.

18me » Bisson, Gafury, Meillard, Mazaudier, Pigassou.

19me » Baës, Charlier.

20me » Chevrillon, Lévêque, Toussaint.

Cercle social des femmes. — Jules Allix, Lamoureux. — Citoyennes Barberousse, Lebastard.

Comité des femmes. — Citoyenne Laurent.

Education libre. — Citoyennes Bonnevial, Paulin, Van der Sleyden.

Jeunesse socialiste. — Réné, Sustrac.

La Ruche Libre. — Mathieu Martin.

Les Frères Ecossais. — Girardot.

Rive Gauche. — Beugnot, Chauvelot, Lavielle.

Groupe de Paris. — Total : 19.

Paris (Banlieue)

Citoyens,

CHARENTON. — Mary.
CLICHY. — Pompon.
COLOMBES. — Camiset.
IVRY-SUR-SEINE. — Cagny, Picquois.
LEVALLOIS-PERRET. — Massin père, Pénet.
NOISY-LE-GRAND et PETIT-BRIE réunis. —
    Brisson.
MAISONS-LAFFITTE. — Bergerol.
SAINT-DENIS. — Groupe 1870. — Grossetête.
SAINT-DENIS. — *Les Amis du Progrès.* —
    Foulard.
SAINT-GERMAIN-EN-LAYE. — Olthy, Rebins.
VINCENNES. — Bligny, Deltenre, Rouif,
    Tessier.
Groupe de la banlieue de Paris, total : 11.

Départements

Citoyens,

APOIGNY. — Gallot.
BEAUVAIS. — Lesage, Vermont.
BORDEAUX. — Edmond Lepelletier.
BU. — Confois.
CHINON. — *Loge des Enfants de Rabelais.* —
    Faucillon.

CLERMONT-FERRAND. — Citoyenne Cheminat (malade remplacée), Citoyen Pempel.
COGNAC. — Emile Richard.
COULOMBS. — Fersinery.
DIJON. — Minot.
EPERNON. — Pempel.
ESCALES. — Léo Taxil.
GUERCHY. — Boildieu, Gallal.
GRUISSAN. — Léo Taxil.
HAVRE. — Godeau, Pempel.
Jeune France de SAINT-ETIENNE. — Léo Taxil.
LAVAVEIX-LES-MINES. — Lefèvre.
LÉZIGNAN. — Emile Digeon.
LILLE. — Jonquet.
LYON. — Vignes.
MORLAIX. — Lefèvre.
MOUY. — Baudon, Durand.
NANTES. — Henri Rochefort.
NARBONNE. — Léo Taxil.
REIMS. — César Goïot.
ROUEN. — Monginot.
SENS. — Orsin.
SAINT-ETIENNE. — Léo Taxil.
SAINT-NAZAIRE. — Léo Taxil.
SAINT-PIERRE-LÈS-CALAIS. — Henri Place, Edmond Toussaint.
TULLE. — Chastrusse.
VALENCE. — Amouroux.

VILLENEUVE-SUR-YONNE. — Henault.
Groupe des Départements, total : 32.

Étrangers

Citoyens,

BRUXELLES : *Conseil fédéral des Sociétés rationalistes.* — Deluc.

BRUXELLES : *Cosmopolitains.* — Arsène Crié.

BRUXELLES : *Libres-Penseurs.* — Van Caubergh.

LIÉGE. — Beck (qui a transmis ses pouvoirs au citoyen Hamel).

IXELLES. — Deluc.

Groupes Etrangers, total : 5.

Récapitulation générale des groupes présents : 67.

LE CONGRÈS

———

La Salle des Séances

La salle est décorée des drapeaux rouges des groupes de Paris et de la banlieue, avec le nom des groupes ; deux bustes de la République ornent la tribune, avec des trophées de drapeaux rouges et des écussons portant les noms des citoyens victimes de la *semaine sanglante,* tels que : Raoul Rigault, T. Ferré, Delescluze, Duval, Flourens, Varlin, etc., etc.

La Fédération française voulant que tous les citoyens pussent assister aux séances du Congrès les fit publiques et

gratuites, aussi l'influence fut-elle grande
à toutes ces séances.

La ligue anti-cléricale composée de
bourgeois, fit aussi un Congrès, mais
voulant éviter de se trouver avec les
travailleurs fit ses séances payantes, et
dans le jour, ce qui ne permit pas aux
groupes ouvriers d'y assister.

Ouverture du Congrès

Un délégué de Bruxelles, nous apporte un salut fraternel au nom de nos
amis de Belgique, mais il déplore la
scission qui existe entre la Fédération
Française et le Conseil Général de
Londres.

Le secrétaire de la Fédération démontre au délégué Belge que la scission
ne vient pas de nous, attendu que le
Congrès de Bruxelles de 1880 avait, par
un vote, fixé le Congrès de 1881 à Paris;
que le Conseil Général de Londres
avait de sa propre autorité, violant
le vote du Congrès de 1880, convoqué un Congrès à Londres; que

la Fédération Française, se basant sur le
vote émis à Bruxelles qui en avait chargé
la Fédération de Paris, s'était renfermée
dans l'esprit des statuts en convoquant
les Libres-Penseurs à envoyer des délégués au Congrès de Paris.

PREMIÈRE QUESTION : QUESTION SCIENTIFIQUE

---

*Des données fournies par la science
moderne, sur l'origine des idées
religieuses dans l'humanité.*

Sur cette question, divers délégués
démontrent le mal, qu'à toutes les épo-
ques, les diverses religions ont fait à
l'humanité et au progrès, en empêchant
l'intelligence de se développer, en maintenant les peuples crédules, dans la
crainte d'un Dieu quelconque et imaginaire ; démontrant ensuite la marche
des religions à travers les siècles, ils nous
les font voir toujours unies à nos tyrans, et se prêtant mutuellement leurs
concours ; et lorsque nos tyrans trem-
paient leurs sabres dans le sang du
peuple, le prêtre armé de son gou-
pillon bénissait toujours le sabre criminel, en échange de privilèges et de
biens terrestres.

Un pasteur protestant monta à notre tribune libre et voulut réfuter les vérités émises par les précédents orateurs ; mais, tournant autour de la question, sans répondre par une affirmation de l'existence du Dieu qu'il prétend représenter sur la terre, il ne fit qu'attaquer les autres religions qui lui font concurrence. La discussion étant close, une Commission est nommée : elle se compose de cinq membres pour présenter un rapport sur la question ci-dessus.

Sont nommés les citoyens :

Allix, Camescasse, Deluc, Larocque, Toussaint.

Rapport de la Commission

La détermination historique sur l'origine des idées religieuses est peut-être impossible : elle est aussi d'une utilité contestable.

Il est au contraire possible et nécessaire de résoudre cette question scientifiquement, c'est-à-dire dans son rapport avec le développement de l'humanité.

Et voici ce que nous fournit l'investigation scientifique, appuyée des vérifications expérimentales que permettent encore les peuples demeurés à l'état d'enfance.

Ce n'est pas encore une idée religieuse que celle de l'homme inculte, constatant l'existence des forces naturelles qui le dominent et lui donnent un nom.

L'idée religieuse commence là où les hommes sont amenés à croire que, par des sacrifices, des prières auxquelles ils en viennent à attribuer une volonté et dont ils font aussi des entêtés métaphysiques, et cela se produit précisément au moment où l'un d'eux, meilleur observateur que les autres, abuse de sa connaissance supérieure des phénomènes naturels, pour faire croire qu'il est en correspondance avec les puissances inconnues et qu'il peut servir d'intercesseur auprès d'elles, pourvu qu'on se soumette à ce qu'il demande en leur nom, et qu'on satisfasse à ses besoins.

Cet homme est le premier prêtre :

Pour asseoir sa domination, son exploitation, il a dès lors intérêt à empêcher qu'on ne connaisse jamais, ni ce qu'il fait au delà de la science des autres, ni ce qu'il ignore lui-même.

En vue de cet intérêt personnel,

Par cette barrière : *La puissance inpénétrable de Dieu ;*

Par ces mensonges : *Les dogmes ;*

Par cette terreur : *L'enfer ;*

Par cette illusion décevante : *Le paradis ;*

Par les exercices pieux : Ce détournement de l'activité utile ;

Et bientôt aussi par l'emploi de la force ;

Cet homme se dresse contre la science : Il a créé une religion.

Par conséquent l'on doit dire que le domaine religieux, que le royaume de Dieu est exactement le domaine de l'ignorance terrifiée.

Il y a donc lieu de hâter l'étude des

voies et moyens qui permettront de détruire à tout jamais, et le plus rapidement possible, toute puissance basée sur la religion, toute influence sociale des idées religieuses.

Le Rapporteur,

COMESCASSE.

DEUXIÈME QUESTION : QUESTION PRATIQUE

---

1. De la séparation des Eglises de l'Etat

A — Dénonciation des Concordats.

B — Suppression du budget des cultes.

C — Suppression des immunités, privilèges et exemptions accordés au ministre des cultes.

D — Suppression de tout enseignement religieux dans les écoles publiques.

Sur les questions ci-dessus énoncées,

un délégué fait remarquer qu'étant tous d'accord pour leur adoption, elles doivent être votées sans discussion.

En conséquence il est procédé à la nomination d'une Commission de cinq membres pour présenter un rapport. — Sont nommés les Citoyens : Godeau, Mouginot, Sustra, Van Caubergh, Citoyenne Van der Sleyden.

Déclarations de principes

A — Qu'en vertu du principe de la séparation des Eglises de l'Etat sur lequel tous les Libres-Penseurs sont d'accord, il y a lieu de dénoncer les Concordats, traités impliquant la reconnaissance par l'Etat aux Eglises d'un pouvoir que celles-ci n'ont jamais légitimement possédé, leur prétendue autorité n'ayant en aucun temps pu être considérée comme l'expression de la volonté des citoyens composant une nation.

B — Que la suppression du budget

des cultes, conséquence également de la séparation des Eglises de l'Etat, s'impose là où est consacré le principe de la liberté de conscience, principe inconciliable avec l'obligation pour tous les citoyens d'un Etat de contribuer de leurs deniers à l'entretien et à la diffusion des doctrines que chacun a le droit de combattre, et qui dès lors ne peuvent plus se réputer d'utilité générale.

C — Que la suppression des immunités, privilèges et exemptions accordés aux ministres des cultes, nouvelle conséquence de la séparation des Eglises de l'Etat, est une nécessité résultant du principe de l'égalité des droits et des devoirs pour tous les citoyens.

La Commission déclare en outre, qu'à son avis, par suite d'un véritable déni de justice, la loi pénale qui punit « ceux qui se sont fait remettre des fonds ou des valeurs quelconques persuadant l'existence d'un pouvoir ou d'un crédit imaginaire ou en employant d'autres manœuvres frauduleuses » n'est pas appliquée à ceux qui font le trafic des indul-

gences et des prières et qui ne peuvent,
quelque fanatiques qu'ils soient, avoir
la moindre certitude au sujet de l'effica-
cité des produits de leur industrie.

D — Que la suppression de tout enseignement religieux dans les écoles publiques est une nécessité logique, résultant
de ce que l'Etat, expression de la volonté
de tous les citoyens jouissant de la liberté
de conscience et du droit de professer, en
matières religieuses, des doctrines diffé-
rentes ou même contradictoires, ne peut
dès lors être l'organe d'une religion quelconque.

La religion n'est donc pas du domaine
de l'Etat.

Rapport de la Commission

Les résolutions théoriques adoptées par
le Congrès devant être nécessairement
dans le domaine des faits, il convient de
leur donner, dès à présent, une sanction
pratique et d'indiquer d'une manière pré-
cise les voies et moyens pouvant en assurer la prompte réalisation ;

Considérant que l'examen attentif des programmes ou professions de foi ayant servi de bases aux élections législatives des 21 août et 4 septembre 1881 démontre nettement que la grande majorité des députés républicains a pris l'engagement formel de demander à la tribune du Parlement la séparation des églises et de l'Etat, avec les conséquences qu'elle entraîne, et parmi celles-ci, notamment, le rappel de l'ambassadeur du Vatican;

Considérant que la discussion de ces programmes dans les séances publiques ou privées et dans le sein même du Congrès universel de 1881, a suffisamment préparé les esprits aux diverses réformes adoptées successivement dans les séances des 18, 19, 20, 21 et 22 septembre, et que nulle considération opportuniste en vue de les retarder ne pourrait être admise;

Considérant qu'il importe de donner aux décisions du Congrès la sanction légale qu'elles impliquent, et d'arriver de suite à l'application des principes généraux de la Libre-Pensée,

La Commission du Congrès propose les résolutions suivantes :

Afin de donner une sanction pratique aux théories du Congrès, on devra adresser :

1° Une copie textuelle des décisions prises par le Congrès de 1881 et qui formera le programme des revendications de la Libre-Pensée, sera adressée, par les soins de chaque groupe, au député de sa circonscription. Cette copie sera accompagnée d'une adresse, conçue dans les termes que le groupe jugera convenable, selon la position prise par le député avant son élection ; c'est-à-dire que s'il a été élu grâce à un programme anti-clérical, sa promesse lui sera rappelée, avec mise en demeure, au besoin, d'avoir à la tenir à bref délai.

Si son programme est muet, le groupe devra lui signifier quand même les résolutions du Congrès à titre d'addition au programme ;

2° Cette adresse, ainsi que le programme arrêté par le Congrès, seront, s'il est possible, insérés dans tous les journaux républicains de France et de l'étranger. La réponse, s'il y en a une, devra l'être également.

Cette manifestation de la Libre-Pensée indiquera à nos représentants que les électeurs veulent bien fermement passer de la théorie à la pratique et que la lutte contre le cléricalisme est sérieusement engagée ; à eux de faire leur devoir.

Le Rapporteur,

VAN CAUBERGH.

Les résolutions de la Commission sont adoptées à l'unanimité par main levée.

2° Du droit des pouvoirs publics sur les associations religieuses

A — La liberté d'association implique-t-elle le droit, pour les corporations, d'acquérir et de posséder ?

B — Dans la négative, quels sont les moyens de faire respecter la loi et d'empêcher la reconstitution des biens de mainmorte ?

Question **A**. — Divers orateurs prennent la parole ; les uns demandant le droit commun, croyant devoir laisser la liberté aux associations religieuses, se basant pour cela qu'en faisant une loi pour supprimer les associations religieuses, elle ne devienne un jour, entre les mains de la réaction, une arme contre nous socialistes. Les autres, au contraire, ne voulant pas les reconnaître, ne veulent pas leur accorder de liberté, se basant en cela que for-

mant une secte à part ils ne doivent en
aucune façon avoir des droits, qu'ils ont
pour dogme la destruction de la Société,
puisqu'ils ne reproduisent pas, qu'il ne
faut pas laisser ces hommes se saisir du
cerveau de l'enfant qu'ils veulent atro-
phier, afin de pouvoir le diriger à leur
gré, que nous ne devons pas reconnaître
ces voleurs de consciences en leur accor-
dant une liberté préjudiciable à l'homme
et à la Société.

Sur la question B, les orateurs sont
d'avis qu'il faut faire retour à la Commune
des biens de mainmorte, qu'il faut agir
énergiquement et ne pas y aller de main
morte; d'après une récente statistique, on
évalue à 712 millions les biens reconnus
par les Congrégations, mais en comptant
ceux qui ne sont pas reconnus, c'est
par milliards qu'il faut les compter;
on demande la remise en vigueur du
décret de la Convention nationale, ainsi
conçu :

ARTICLE PREMIER. — Les associations
religieuses sont supprimées.

ART. 2. — Sont chargés de l'exécution du présent décret, etc., etc.

———————

Cahier, déposé par le citoyen Godeau délégué du Havre

CITOYENS,

Nous sommes convaincus que la Libre-Pensée est le grand moteur de l'émancipation sociale. La liberté d'une société ne peut exister qu'autant que la conscience individuelle des individus est libre, c'est-à-dire dégagée de tous préjugés et surtout des préjugés religieux. Quelle force peut donc avoir un peuple qui fait des révolutions politiques ou économiques et conserve des croyances que la science condamne ? Il n'a aucune force, loin de là il ne forme qu'une société divisée et condamnée à disparaître.

Repoussons donc ces théories des dirigeants des pleuples qui vous disent : l'homme a besoin de religion, sans religion il ne peut vivre. Mais, infâmes menteurs, à la vérité vous savez comme nous (les siècles passés vous en fournissent de tristes exemples) que toute société religieuse marche à grands pas vers le cataclisme ; que toute société religieuse porte dans ses flancs tous les vices sociaux. Est-ce que les criminels les plus invétérés n'ont pas une croyance ? Est-ce que les hommes d'église n'égorgent pas pour la gloire de leur Dieu ? Est-ce que la prostituée qui vient de se livrer ne va pas à l'église faire une prière parce qu'elle a été largement salariée.

Tous les cultes ce sont l'anéantissement de l'espèce humaine. La religion c'est un bandit rivé aux pieds des hommes qui n'ont pas pour appui la science. L'homme ne doit croire que ce qui est démontrable. C'est pourquoi, Citoyens, j'insisterai toujours auprès des hommes de progrès de faire triompher la vraie science; oui, plus vous instruisez les peuples plus vite les préjugés disparaîtront, et plus vite les jongleurs qui nous exploitent auront terminé leur règne.

Quand les hommes auront bien compris qu'au delà de la mort, il ne reste de l'individu que les travaux manuels ou intellectuels qu'il a produit, alors cette question sociale, qui effraie tous nos ennemis, sera bientôt résolue. Il n'y aura alors plus de traîtres, plus d'exploiteurs, les hommes seront frères et l'égoïsme aura disparu. Ces principes que je défends, sont bien compris des dirigeants de la conscience, comme des dirigeants matériels ; ces deux ennemis communs se sont coalisés pour nous donner un semblant de liberté. De peur d'être débordés, ils tolèrent nos discussions, mais à une condition, c'est que nous ne fassions de la discussion que pour nous. Que vous le vouliez ou non, Tartufe et Escaburet, votre règne est fini, celui du peuple va commencer ; les barrières que vous avez créé pour nous diviser sont rompues. Le groupe de citoyens qui compose cette assemblée en est une preuve.

Arrière donc ces dénominations de Prussiens, de Français, de Mexicains, etc. — Il n'y a sur la terre que deux peuples :

les exploités et les exploiteurs; l'un doit absorber l'autre, l'antogonisme ne peut plus exister, le dernier mal appartiendra à la vérité, c'est-à-dire, au parieur d'aujourd'hui.

Pas de défaillance, attaquons résolûment le taureau par les cornes, supprimons les exploiteurs.

Les enfants de la nature sont tous frères, nul n'a le droit d'empêcher le développement des facultés d'un être, pas plus qu'il n'a le droit de manger, de se vêtir, de se loger sans avoir produit l'équivalent de sa consommation.

Je répète donc en disant : Propageons la Libre-Pensée ; quand la conscience est libre, l'individu l'est également. Il n'est pas admissible qu'après le règne de cette pléïade d'hommes qui ont illustré le XVIIIe siècle, des hommes soient condamnés à venger leurs semblables opprimés, dans leur conscience, dans leur honneur, dans leur liberté. Est-il admissible de voir des êtres humains se vêtir d'oripeaux, de mascarades, pour parader dans nos rues et dans nos édi-

fices à l'effet d'en imposer aux igno-
rants.

Il faut enfin former cette cohésion de
tous les libres-penseurs à l'effet de combattre la superstition, l'ignorance et
l'exploitation. Si les révélations sociales
ont été suivies de réactions, il faut en
attribuer la cause à la désunion et à
l'égoïsme des individus. La vieille société
qui s'écroule doit emporter dans sa dé-
faite tous les vices, toutes les corruptions.
La société qui nait apporte comme bagage
l'égalité des êtres, en ce sens que tous les
individus, par une éducation savamment
combinée, rejetteront sans scrupule tout
ce qui peut nuire à leur développement.

Une fois cette barrière franchie, ce ne
sera plus le socialisme qui sera le gouvernement de l'humanité, mais bien la
communauté, cette organisation supérieure à l'égoïsme individuel, au collectif
qui veut que tout ce qui est, produise
matériellement et intellectuellement.

Il est demandé à ce que l'église du
Sacré-Cœur de Montmartre, qui est bien
de mainmorte soit destinée à une autre

œuvre, comme par exemple une œuvre scientifique, ou bien un hospice civil d'invalides.

Il est procédé à la nomination d'une Commission de cinq membres ; sont nommés : les Citoyens Amouroux, Brisson, Canivet, Richard, Vermont.

Comme au cours de la discussion la Commission s'est divisée :

Trois membres, les citoyens Brisson, Richard et Vermont, apportent un rapport concluant à la non-reconnaissance des associations religieuses ;

Deux membres, les Citoyens : Amouroux et Canivet, apportent au contraire un rapport, concluant à la liberté intégrale pour tous.

Les conclusions de la minorité sont adoptées.

Rapport de la minorité de la Commission

1° La liberté d'Association est un droit naturel et imprescriptible ; comme tel, il ne peut être soumis à aucune législation.

La restriction apportée à un droit naturel, est la négation même du droit et de la justice que devraient régler les rapports des hommes ;

2° En conséquence, nul n'est tenu de rendre compte à qui que ce soit des motifs et des causes de l'association qu'il contracte.

3° La Société a le droit d'intervenir, au nom des droits de l'individu, dans tous les cas où les associations attenteraient aux intérêts d'un seul des membres du corps social, et c'est pourquoi la minorité se joint à la majorité de la Commission pour demander l'abolition de biens de mainmorte.

Ces biens qui, comme le disait en 1849 le Président actuel de la République, M. Jules Grévy, ces biens dont la masse va en augmentant, et qui sont sans cesse retirés du commerce, au grand préjudice de la richesse des contribuables.

4° Quant à la possibilité de la reconstitution des biens de mainmorte dès le lendemain du jour où justice sera faite, la minorité ne peut se rendre aux raisons développées sur ce point par la majorité.

Les biens de mainmorte se constituent de plusieurs manières :

A — D'abord par des legs : or, dans une Société où les intérêts de tous et de chacun sont sauvegardés, l'héritage devrait être aboli ou tout au moins transitoirement restreint au troisième degré en ligne directe, et la Commune devrait avoir le droit de revendiquer comme siens les héritages qui ne rentrent pas dans ces catégories.

B — Les biens de mainmorte constituent encore, grâce au pouvoir conféré par l'article 537 du Code Civil qui reconnaît aux personnes civiles, le droit d'hériter.

La personnalité civile ne peut être conférée à une Société quelconque que par une loi spéciale. Or, aucune reconnaissance de ce genre ne peut avoir lieu en faveur d'une congrégation, société particulière qui n'a aucun but utile.

5° Dans l'état actuel de notre législation, il suffirait donc de déclarer nulles les reconnaissances de personnalité civile faites en dehors de tout droit par les cléricaux au pouvoir.

Le droit d'hériter appartient, outre les personnes civiles, seulement aux particuliers. Les congrégations ont éludé la difficulté, grâce à des fidéi-commis servant d'intermédiaires. Or, là encore, la Société est suffisamment armée pour s'opposer à ces comédies cléricales.

La loi ne peut être violée, elle ne peut pas non plus être éludée ; faisons remarquer qu'avec nos lois sur l'héritage, si la magistrature était républicaine, l'héritier le plus éloigné d'un prête-nom décédé d'une association non autorisée, a le droit strict d'entrer en possession de l'héritage.

En résumé la minorité estime comme la majorité :

1° Que les biens de mainmorte doivent être abolis comme produit du vol et de l'usurpation ;

2° Que ces biens doivent faire retour à la Commune ;

3° Que le clergé doit être soumis au droit commun ;

4° Mais considérant, d'une part, que la négation du droit d'association est une arme jésuitique qui a pour but de frapper les travailleurs dans leurs revendications sociales, et que, d'autre part, une déclaration de principes est nécessaire, la minorité affirme le droit absolu d'association sans restrictions ni limites ;

5° Elle estime qu'il suffira d'abord de ne pas reconnaître la personnalité civile des congrégations ; de ne pas reconnaître dans la pratique le régime des fidéi-commis, et enfin de restreindre, puis abolir l'héritage.

Les délégués sont appelés au vote sur les rapports des deux Commissions ; 23 groupes ont voté pour le rapport de la majorité, 29 pour le rapport de la minorité ; en conséquence le rapport de la minorité ci-dessus est adopté.

Ont voté pour la majorité : 3°, 11°, 13°, 14°, 18°, 20° arrondissements de Paris, Vincennes, Levallois-Perret, Les Amis du Progrès, Comité des Femmes, Cercle social des Femmes, Rive-Gauche, Cognac, Saint-Pierre-lès-Calais, Noisy-le-Grand et Petit-Brie réunis, Gruissan, Narbonne, Escales, Saint-Nazaire, Jeune France, Saint-Etienne, Bordeaux, Beauvais.

Ont voté pour la minorité : 4e, 10e, 12e, 15e, 17e, 19e, Education libre, Les Frères Ecossais, La Ruche libre, Lava-veix-les-Mines, Nantes, Lézignan, Eper-non, Valence, Saint-Germain-en-Laye, Liège, Conseil Fédéral, Ixelle, Tulle, Villeneuve-sur-Yonne, Morlaix, Lyon, Lille, Libre-Pensée de Bruxelles, Rouen, Sens, Cosmopolitains, Charenton, Mai-sons-Laffitte.

QUATRIÈME QUESTION : DU DROIT D'ENSEIGNER

A — Quel est le droit de la famille sur l'éducation philosophique et religieuse de l'enfant ?

B — Le droit d'enseigner dans les écoles, tant privées que publiques, peut-il être légitimement subordonné à certaines conditions de moralité et de capacité ?

Sur la question A, les orateurs sont d'avis qu'il n'appartient pas au père de famille, le droit qu'il prétend avoir sur ses enfants. Il n'est pas permis non plus au père de famille de faire inculquer à ses enfants des préjugés et de fausses doctrines, qui abaissent le moral de l'enfant, et le prédisposent à la servitude morale et matérielle.

Sur la question B, les orateurs demandent une instruction intégrale pour tous aux concours de capacité pour les écoles supérieures. Pour les instituteurs et les institutrices, ils demandent les plus grandes garanties comme moralité et comme capacité, que toute instruction religieuse soit rejetée de l'enseignement, et que l'enfant reçoive une instruction républicaine.

Un pasteur protestant vient invoquer la liberté du père de famille ; il veut que le père puisse élever ses enfants dans les principes qu'il lui plaira, et comme conclusion il invoque la liberté.

Il est répondu à ce pasteur, qui parle liberté, de ce qu'ils en ont fait eux de la liberté, lorsque le protestantisme s'est établi à Genève; ils se servaient de sa force pour monter des bûchers et dresser des potences pour qui ne voulait pas les croire. Ensuite on a dit que le protestantisme ne valait pas mieux que le catholicisme, et que ce pasteur qui venait nous parler de liberté ne nous accorderait pas la parole dans son temple, tandis qu'il la trouvait chez nous.

Une Commission de cinq membres est nommée pour présenter un rapport. Sont nommés : les citoyens Brisson, Charlier, Richard, Sustrac et la citoyenne Laurent.

Rapport de la Commission

Considérant : Que la famille n'a au point de vue de l'éducation philosophique et religieuse aucun droit sur l'enfant, que tout être en naissant apporte avec

lui le droit de développer complètement
et rationnellement ses facultés intellec-
tuelles et ses forces physiques , et qu'il
ne saurait appartenir à son père ou à sa
mère de fausser son éducation en imposant à cette jeune intelligence des sup-
positions métaphysiques ou des concep-
tions religieuses qui ne reposent sur
aucune base positive ; — que le père de
famille, en se rendant coupable de telle
ou telle tentative, commet un acte d'autant plus répréhensible qu'il abuse de
l'autorité que lui donne la loi, non pour
violer, mais au contraire pour sauvegarder les droits de son enfant. Le Congrès estime qu'il importe d'engager les
Libres-Penseurs à user de toute leur
influence pour faire comprendre aux
pères et parents toute la gravité de l'acte
qu'ils commettent en imposant à leurs
enfants leurs convictions personnelles,
religieuses ou philosophiques.

Le Congrès croit qu'en ce qui concerne
les écoles tant publiques que privées, il
convient, afin de sauvegarder ce droit
primordial de l'enfant, d'interdire non

seulement tout enseignement religieux
au sein des écoles, mais encore d'interdire aux directeurs et aux directrices de
ces établissements de conduire et d'ac-
compagner leurs élèves aux exercices
d'un culte quel qu'il soit, afin de donner l'exemple du respect de la liberté
aux parents qui seraient tentés de la
violer.

Sur le paragraphe B, le Congrès répond
par l'affirmative :

Il estime que les conditions de moralité doivent comprendre non seulement
le respect des lois, mais cette probité
intellectuelle supérieure qui interdit d'enseigner à autrui ce dont on n'est point
absolument sûr soi-même, ou ce qu'on
serait fort empêché d'appuyer sur des
faits authentiques.

En conséquence il croit qu'il convien-
drait d'interdire à tout jamais les fonctions
enseignantes aux directeurs et aux directrices qui persisteraient à donner à leurs
élèves l'instruction religieuse ou métaphysique ; quant aux conditions de capacité, le Congrès estime que les citoyens et

les citoyennes seuls pourvus de brevets
obtenus devant des Commissions d'examen instituées par les communes, devraient avoir seuls le droit d'enseigner.

Le Congrès, logique avec ces principes,
estime d'ailleurs que l'éducation intégrale
doit être non seulement laïque et obliga-
toire, mais commune, afin que tous les
citoyens apprennent qu'en ayant reçu
les premières notions de l'instruction sur
les mêmes bases, il ne doit exister entre les
hommes d'autres distinctions que celles
du mérite, de la science, et des services
rendus à l'humanité.

Le rapport de la Commission est adopté
à l'unanimité.

De l'influence de la Libre-Pensée dans la Question sociale

Divers citoyens viennent affirmer cette
question en disant que la Libre-Pensée ne
peut rester en dehors de cette même ques-

tion sociale et qu'il nous faut attaquer tous les préjugés.

Le citoyen Surstac, du groupe de la jeunesse socialiste, dépose le projet de résolution ci-après :

Considérant : Que l'on ne saurait trop affirmer les revendications légitimes des travailleurs ;

Que les réclamations de la Libre-Pensée inscrites à l'article 2 du programme ouvrier ne sauraient avoir assez de force pour assurer le bien-être de tous les travailleurs si ces réclamations étaient écoutées ;

Attendu :

Qu'il est nécessaire d'avoir un but plus grand et d'élever à un plus haut degré la voie des travailleurs; que ce but doit être celui de tous, par tous, c'est-à-dire la réalisation complète du programme socialiste ouvrier voté antérieurement dans les Congrès de tous les groupes, cercles ou chambres syndicales des travailleurs ;

Le Congrès international, siégeant à Paris du 18 au 22 septembre,

Décide :

De faire entendre à toutes les Sociétés de Libres-Penseurs de France et de l'Etranger, ainsi qu'à tous les groupes ouvriers, qu'il est de leur devoir impérieux d'assurer une rénovation sociale nécessaire, et en conséquence d'aider autant que possible le parti ouvrier à faire valoir ses droits par tous les moyens en leur pouvoir.

———

Cahier, déposé par le citoyen Godeau délégué par le Havre

Notre association porte en son article 2: *Du droit des pouvoirs publics sur les associations religieuses.* Eh bien ! je dis les pouvoirs publics ne peuvent avoir aucun droit sur les associations religieuses, ces dernières d'abord ne doivent pas exister. Certes, je suis partisan de la liberté la plus grande, je suis partisan de

la liberté illimitée, par contre, je re-
pousse la licence. Les associations religieuses sont licencieuses, elles sont im-
morales. La loi humaine, plus forte que
la loi d'une société, ne permet pas que
des êtres vivent sans produire, elle ne
leur permet pas plus de vivre sans se
reproduire. Est-il possible de tolérer des
êtres qui font un dogme du célibat? —
Est-il possible de souffrir que des êtres
vivent dans des cloîtres pour y commet-
tre des monstruosités contre nature ?
Cette loi humaine, peut-elle enfin tolérer ces repaires où ne règne pas la vie
commune ? — Assurément non.

Si les hommes sont égaux, ils doivent
l'être en droits et en devoirs; avec l'organisation qui règne dans les sociétés
modernes, il n'en est pas ainsi : les uns
ont des devoirs et les autres des droits, et
nous autres pauvres moutons, nous n'a-
vons que des devoirs.

Il est évident que la Société ne pourra
exister en paix que l'orsqu'elle aura sup-
primé tout ce qui est culte, tout ce qui
est religion. Il est du devoir de tout

homme dont la conscience est libre de repousser toute espèce de culte, et par conséquent toute association religieuse. Ces associations, Citoyens, ne résident pas seulement parmi ces hommes qui se vêtissent en femme, et ces femmes qui sont en arlequin : elles ont leur point d'appui dans la société laïque.

Tous les jours, dans les relations de la vie, nous coudoyons les membres laïques de ces associations-là, et ce sont eux qui sont les plus terribles et les plus dangereux à cause de leur hypocrisie.

Je ne suis pas précisément de l'avis d'un illustre farceur qui n'a pas craint de dire, du haut d'une tribune populaire : « *Le Cléricalisme c'est l'ennemi.* »

Jongleur, vous savez bien que l'ennemi du peuple, c'est Tartufe, c'est aussi celui qui atrophie ses facultés par un long labeur et que c'est encore celui qui se repait de son salaire ?

Illustres gouvernants, vous appartenez à cette classe; vous êtes des jésuites déguisés. C'est pourquoi en voyant le peuple repousser vos fétiches, vous cherchez à prendre une dernière planche de salut, en créant un clergé national avec le concours duquel vous espérez vous maintenir longtemps dans l'ignorance.

Le peuple ne veut pas plus de vous et de votre clergé, qu'il ne veut d'associations religieuses.

Le jour est proche, où nous supprimerons religieux et religieuses ; tenons-nous prêts afin d'empêcher la reconstitution de tous ces groupes.

Le jour de la suppression, Tartufe se fera petit, il se fera rampant, et comme le chacal, il guettera sa proie.

Pour l'anéantir, il faut le ruiner, en vertu de la justice, il faut faire rendre gorge au larron.

Les propriétés religieuses n'ont été conquises que par la captation.

Il est de nécessité, il est de justice pour la société de rentrer dans ces fortunes ammoncelées qui sont le produit du labeur de tous les parias.

La discussion continue ; les orateurs

reconnaissent que l'on ne peut séparer la
question sociale de la Libre-Pensée; qu'il
n'y a pas seulement à débarrasser l'esprit,
mais qu'il faut aussi débarrasser le corps
des liens qui l'enserrent; l'asservissement
de l'esprit amène l'asservissement du
corps; 1789 nous a débarrassés de la féodalité seigneuriale, qui est remplacée
aujourd'hui par la féodalité industrielle et
financière, comme aujourd'hui nous ren-
versons les religions tyranniques, et l'on
veut déjà les remplacer par une religion
nationale; aujourd'hui nous devons arbo-
rer hardiment le drapeau rouge du peuple,
et marcher résolûment à l'ennemi, et,
s'il est besoin, passer sur ses cadavres,
pour aller chercher notre liberté.

----

*De l'influence de la Libre-Pensée dans
la question sociale, relativement à
l'abolition de la peine de mort.*

Dans toutes les questions qui se rat-
tachent à l'adoucissement des mœurs et

à l'effondrement de l'antique barbarie, la Libre-Pensée doit se montrer la première à l'œuvre. Un vestige sanglant du despotisme subsiste encore dans presque toutes les nations se disant civilisées. Ce vestige, c'est l'échafaud ; c'est à la Libre-Pensée de le démolir. C'est à nous surtout, qu'incombe le devoir de rechercher la cause des crimes pour les prévenir et dans cette recherche nous trouverons malheureusement que, dans la plupart des cas, le criminel n'est qu'un coupable secondaire et que le véritable coupable qui s'arroge orgueilleusement le droit de verser son sang c'est la société.

Il se produit parfois de certains crimes revêtant un tel cachet de cynisme et d'horreur, que la population indignée, demande la tête du criminel. Généralement ce n'est pas le désir cruel de répandre le sang d'un homme, qui la pousse dans cette demande, c'est le cri indigné de la justice, c'est un gage de sauvegarde qu'elle réclame pour sa propre sécurité. Cependant, après le premier moment d'indignation apaisé la réflexion arrive

chez l'homme sérieux et il se pose cette
question :

Par l'effusion du sang humain, la société a-t-elle complètement atteint le
but qu'elle se propose : 1° l'expiation
pour le coupable ; 2° l'effroi salutaire
pour ceux qui concevraient l'exécution
d'autres crimes ; 3° a-t-elle atteint le vrai
coupable ?

Après examen, il secoue la tête et il
murmure : Non ! Le but n'est pas atteint ;
après ces crimes, de nouveaux crimes se
reproduiront comme avant. C'est l'organisme social qu'il faut changer car c'est
cet organisme social qui fait les mal-
faiteurs.

Jetons d'abord un regard sur l'expiation par l'échafaud. Elle paraît terrible,
mais le coupable n'est pas atteint ; un
moment d'épouvante et tout est fini ;
monstre il était apparu à la société, monstre elle l'a rendu au néant. Il a cessé de
souffrir, mais c'est le lieu de sa naissance,
c'est surtout sa famille qui en supportent
le déshonneur.

Et ce criminel qui vous semblait un

monstre avait peut-être un cœur, vous n'avez pas agité en lui la fibre du sentiment ; par le travail vous n'avez pas essayé de le réhabiliter. Vous l'avez tué quand vous pouviez le mettre hors d'état de nuire. Le repentir pouvait le ramener au bien, vous n'en avez pas voulu. Vous avez dit : Morte la bête, mort le venin, mais vous vous êtes trompé ; la bête était morte, mais le venin subsistait dans vos veines de vous, société !

La terreur occasionnée par la peine de mort, suffit-elle pour empêcher le crime ? Elle peut y contribuer dans une certaine mesure, mais ce n'est pas là qu'il faut aller chercher le remède. Le criminel est comme le joueur. En entrant dans une salle de jeu, le joueur est bercé par les rêves d'une cupidité insatiable. Cet or qui couvre le tapis sera sa propriété. L'idée qu'il peut perdre traverse bien cependant sa tête absorbée, mais ce n'est qu'un éclair. Son étoile est trop bonne ; il gagnera les enjeux ! L'assassin, en combinant son crime, examine les chances. Tout est pour lui ; la

sinistre épaisseur de la forêt, le silence
assuré de ses complices compromis
comme lui. Le spectre de l'échafaud se
dresse bien devant lui comme celui de
la ruine devant le joueur, mais il réca-
pitule les chances. Bah! dit-il, une nuit
obscure enveloppera mon crime, l'im-
punité est certaine. Joueur et criminel
tentent la fortune, mais dix fois contre
une l'un est jeté dans le gouffre de la misère et l'autre dans les filets de la justice.

Non, ce n'est pas dans le sang du coupable qu'il faut aller chercher le remède.

Voici maintenant la véritable question:

En frappant le criminel a-t-on atteint
le vrai coupable?

Ici nous mettons le doigt sur la plaie.

C'est à vous, société, que je m'adresse.

Le criminel, le plus souvent, était né
pauvre.

Abandonné sur le pavé, il sollicitait
un peu d'amour, jamais il ne l'a connu;
il demandait du pain, il recevait des
coups; l'hiver gerci par le froid, l'été
brûlé par le soleil, il tendait vers vous
ses mains suppliantes.

Et vous, société, vous l'avez repoussé.

Il demandait cette instruction qui adoucit les mœurs, fortifie le moral et facilite l'homme pauvre pour résoudre ce problème souvent terrible : gagner son pain !

Et vous, société, vous lui avez répondu : L'instruction n'est que pour les riches ; les fils des déshérités de la fortune sont nés pour la souffrance et le travail de bêtes de somme.

Et le pauvre petit rôdait dans les rues ; il regardait avec envie les fils des riches dont les voitures éclaboussaient cyniquement ses guenilles, la haine s'allumait dans sa poitrine. Devenu fort, c'était la vengeance ; vous aviez bu ses larmes d'enfant ; à son tour il bouvait votre sang.

Voilà pour le petit criminel.

Examinons maintenant l'instruction, telle qu'elle a été généralement jusqu'à nos jours. L'instituteur, influencé par le clergé d'un côté, le prêtre de l'autre, s'emparent de la jeune imagination de l'enfant. Au point de vue de la religion on le forme dans des idées bornées et

superstitieuses et contraires en tout
point aux découvertes de la science
moderne.

Au point de vue de la morale on ne
le forme qu'à des principes d'égoïsme
personnel. Aucun sentiment généreux
de la solidarité humaine n'est développé
dans son cœur.

L'histoire lui dépeint, comme des héros,
une série de conquérants dont la seule
mission a été la destruction de l'espèce
humaine. C'est le principe de la force
brutale qui domine et non celui de la
justice. Quant aux hommes utiles à l'humanité soit par la littérature ou la science,
on ne lui en parle pas ou très peu. Au
point de vue civil on lui présente comme
modèle ces hauts fonctionnaires, capita-
listes et députés, à tout faire, couverts de
décorations.

L'esprit de l'enfant s'échauffe ; il veut
lui aussi parvenir à ces grades sociaux.
Quand il est plus grand la réflexion lui
vient ; il examine les moyens de parvenir ; l'idée de la justice se présente à
lui. Je veux parvenir, dit-il ; sera-ce par

l'honnêteté? Alors il jette un coup d'œil autour de lui : les honnêtes gens sont pauvres; le travail habite la mansarde; le patriotisme est en exil; seule la friponnerie, singeant l'honnêteté, triomphe. Il examine ces hommes parvenus : Ce général, dit-il, a saccagé une province et massacré les enfants du peuple défendant leurs droits et libertés, il est aujourd'hui duc ; ce magistrat a condamné des innocents, il est décoré; ce député a manqué à ses engagements vis-à-vis de ses mandants, il est ministre; ce prêtre préchait la pauvreté, il est millionnaire; il avait fait vœu de chasteté et il débauche journellement les jeunes communiantes. Alors la conscience du jeune homme se révolte, un combat se livre dans son cœur, mais l'éducation égoïste qu'il a reçue reprend le dessus. Je veux parvenir, murmure-t-il. La fin justifie les moyens. Officier, je massacrerai mes semblables; prêtre, je sèmerai la désunion et le déshonneur; magistrat, je vendrai la justice, je serai puissant et honoré. Je serai un grand criminel, mais l'échafaud ne sera pas pour moi, c'est moi qui le ferai dresser pour les autres.

Voilà les citoyens que forme l'instruction clérico-monarchiste ; elle forme le grand criminel que l'échafaud n'atteint pas et c'est contre cette fausse instruction qu'il faut réagir.

Car le petit crime qu'on punit par l'échafaud est la conséquence du grand crime devant lequel on plie le genou.

Pourquoi la peine de mort a-t-elle été établie ?

Elle a été uniquement établie pour protéger les grands criminels et favoriser leur haine. Les monarques couverts de sang ont craint la vengeance ; l'ombre des Brutus glaçait dans leurs veines leur sang impur. Les cris des peuples affamés troublaient leur quiétude. Si le soulèvement devenait général, c'était l'armée avec ses baïonnettes pour l'exécution en masse, si c'était un particulier, c'était l'échafaud.

Le magistrat condamnant l'innocent, le capitaliste volant une province, le notaire ruinant les familles, l'officier sabrant une population, le moine s'emparant des héritages et brutalisant les jeunes filles dans les souterrains des couvents craignaient la vengeance ; alors pour effrayer les vengeurs de leurs victimes ils créèrent la peine de mort.

Oui, c'est pour protéger le grand crime et favoriser ses haines que la peine de mort a été établie.

Rarement elle atteint les grands coupables ; on fusille un soldat qui a souffleté un officier insolent, mais on gracie Bazaine qui vend une armée et son pays ; on guillotine le pauvre diable qui, sans travail et pressé par la faim, a dévalisé un voyageur, mais on absoud le grand capitaliste qui a dépouillé une province ; on punit le pauvre employé de chemin de fer qui, accablé par un travail surhumain, a causé involontairement le choc de deux convois, mais on ne recherche pas ces administrateurs rapaces qui, pour grossir leurs dividendes, ont négligé l'entretien de la voie.

Pour ceux-là on ne demande pas la peine de mort ; tous, je crois, sont décorés, et c'est par centaines que se chiffrent leurs victimes.

Citoyens, on peut calculer l'intensité du crime dans un pays par le degré de despotisme de ses gouvernants. L'empire par ses guet-apens et l'ordre moral par ses repressailles ont porté à son apogée le haut banditisme. De son côté, le petit crime a subi la progression ascendante, il s'est perfectionné à cette haute école. Aujourd'hui l'assassin ne se contente pas de tuer sa victime, il la dépèce en morceaux. Nous subissons les conséquences de ces régimes néfastes.

Oui, citoyens, si vous voulez détruire le petit crime, il faut détruire le grand. Que sur la terre les monarchies soient remplacées par les gouvernements populaires ; qu'on dissolve ces armées permanentes qui développent chez l'homme les instincts sanguinaires et favorisent les penchants à la paresse et à l'ivrognerie ; que la magistrature inamovible créée pour la complaisance devienne élective ; que le budget du clergé, cette sangsue populaire, soit affecté à l'instruction et

au soutien des nécessiteux, alors vous
aurez retranché le petit crime.

Oui, c'est la misère, conséquence de
cette organisation vicieuse, qui produit
le petit crime et les auteurs de la misère sont ces institutions sociales qu'on
nomme royauté, clergé, armée perma-
nente et magistrature inamovible.

Avec leur suppression on réduirait de
neuf dixièmes le nombre des crimes.

Sans cela le crime restera à l'état
chronique.

Avec une organisation où les parasites
et les exploiteurs sont immensément
riches et les honnêtes travailleurs immensément pauvres on ne peut arriver à la
bonne harmonie sociale.

C'est vers le rétablissement de cette
harmonie que l. ibre-Pensée doit tour-
ner ses efforts.

Nous devons substituer la justice à la
force brutale et de cette société souf-
frante, toujours prête à s'entregorger
pour le profit de quelques-uns, nous devons faire par l'amour mutuel une société heureuse et unie.

Plus d'armes qui tuent, mais des charrues qui nourrissent.

Plus de misère, par conséquent plus d'assassins.

Citoyens, en finissant, jetons un dernier regard de tristesse sur ces échafauds où tant d'innocents ont laissé leur tête soit par erreur de la justice, soit par sa complicité.

Une exécution capitale c'est la tristesse de tout un pays. Ces apprêts sanglants et ce spectacle lugubre, parsemé parfois de détails horribles, impriment le deuil dans le cœur des populations paisibles. Le lieu de naissance du criminel est pour longtemps déshonoré ; sa génération est mise à l'index. Un père et une mère verront durant leur vie se dresser devant eux l'image affreuse de cet échafaud qui a bu le sang de leur fils et quand de pauvres orphelins, rejetons innocents d'un père criminel, demanderont leur père, une malheureuse mère vêtue de noir et une larme de désespoir dans les yeux leur montrera un billot ensanglanté !

Non, citoyens, ne cherchons pas la

suppression du crime par l'effusion du sang, cherchons-la, comme j'ai dit plus haut, en travaillant à de sages réformes sociales ; engageons les députés amis de notre cause a demander avec instance ces réformes et que bientôt, dans l'univers entier, on ne rencontre plus cette sinistre figure qui glace d'horreur, celle de l'auxiliaire des trônes et de l'autel, je veux dire du bourreau.

A. MAZAUDIER.

Il est nommé une Commission de cinq membres pour présenter un rapport sur la question ci-dessus ; sont nommés les citoyens Réné, Amouroux, Jonquet, Lepelletier et Van Gaubergh.

Résolution de la Commission

Les travailleurs n'ayant pu être exploités par la Noblesse, le Clergé et le Tiers-

Etat, qui s'appelle aujourd'hui bourgeoisie, sont exploités par l'asservissement de l'esprit et les dogmes irrationnels. La Libre-Pensée doit exercer une grande influence sur les questions sociales en débarrassant l'esprit de tout ce qui est contraire à la science et à la vérité ;

En conséquence, les membres des groupes de la Libre-Pensée devront apporter leurs concours aux Congrès socialistes ouvriers.

Le Rapporteur,
AMOUROUX.

Le rapport est adopté.

Un délégué demande la nomination d'une Commission de onze membres pour présenter des rapports sur divers vœux déposés sur le bureau du Congrès.

Sont nommés les Citoyens :

Alix, Beck, Canivet, Deluc, Godeau, Lepelletier, Mazaudier, Mougnot, Ory, Van Caubergh, citoyenne La Cécillia.

La Commission des vœux s'est rapportée à trois ordres d'idées :

1° Les modifications aux statuts de la Fédération internationale ;

2° Que le prochain Congrès de 1882 ait lieu à Rome ;

3° Les vœux nouveaux à proposer.

Rapport du citoyen Lepelletier
au nom de la Commission des vœux

Citoyennes et Citoyens délégués,

J'ai l'honneur, comme rapporteur de la Commission de onze membres que vous avez nommés pour examiner les propositions de vœux soumises à l'appréciation du Congrès, de vous présenter le rapport suivant sur la fixation du lieu où se tiendra le Congrès universel de 1882.

Cette question a une grande et légitime importance. D'un bon ou d'un mauvais choix peut dépendre, non pas

l'existence même de la Libre-Pensée,
mais la prospérité, l'influence, le rayon-
nement de notre Fédération. Lorsque
l'an dernier, malgré une vive opposition
qui provenait de ceux-là de qui on
devait la moins attendre, Paris fut
choisi pour siège du Congrès universel
de 1881, tous vous avez applaudi. Ce
choix apparaissait juste et profitable.
Paris, avec sa vigoureuse pensée matérialiste, avec son activité politique, philosophique, sociale, avec sa démocratie,
divisée sur le terrain électoral ou éco-
nomique, mais tout entière unie contre
les superstitions ridicules ou dange-
reuses du passé et les ministres sa-
lariés de tous les cultes, sans distinction de clocher, Paris avec sa presse
républicaine qui, malgré ses imperfec-
tions que je suis le premier à reconnaître, est encore le plus puissant instru-
ment de propagande que nous ayons ;
Paris, la cité lumière, comme l'a dénom-
mée Victor Hugo, nous avait paru le
siège naturel et indiscutable du second
Congrès universel, devant reprendre et

continuer le mouvement fédératif si bien
commencé à Bruxelles en 1880.

L'événement a montré que nous ne
nous étions pas trompés. Le Congrès de
Paris, par la hauteur des questions qui y
ont été traitées, par la force des arguments présentés, par les discours d'ex-
position et de théorie aussi bien que par
les reporters de polémique qui y ont été
entremêlés, a réalisé, je pourrais presque dire a dépassé nos espérances.

Quelques petits orages, inséparables
de toute assemblée discutant des questions passionnantes, ont pu s'élever
sans troubler l'ordre général ni inter-
rompre les travaux du Congrès. Ces rares
incidents n'ont rien qui doive surpren-
dre ; nous n'avons pas à les déplorer. Ils
ont prouvé la vie et le mouvement du
Congrès. La paix et le silence règnent
seulement dans les cimetières et dans
les cloîtres, ces cimetières de vivants.
Les assemblées du peuple sont bruyantes
comme un champ en éveil, comme un
atelier en travail.

Nous avons à nous féliciter également

de la présence des nombreux délégués des groupes des départements et de Paris, ainsi que de nos amis les libres-penseurs belges dont le concours a été si actif, si précieux, et que la bande cléricale a daigné honorer particulièrement de sa haine en dénonçant avec rage l'un d'entr'eux au successeur d'Andrieux.

Rien que cette odieuse dénonciation contre un hôte de la France, contre un étranger auquel les Parisiens offraient l'hospitalité, servirait à démontrer le coup redoutable que nous avons porté aux cléricaux français en tenant les assises de la Libre-Pensée à Paris. Rien que cette menace haineuse et stupide prouve que le Congrès de Paris a porté ses fruits.

Mais dans une œuvre de propagande comme celle que nous avons entreprise, rien n'est fait tant qu'il reste quelque chose à accomplir, et, un échelon gravi, il faut aussitôt se préoccuper d'escalader le suivant. C'est pourquoi, comptant bien que le Congrès tenu à Paris en 1881 aurait les excellents résultats que nous sommes heureux de constater, le Con-

grès national réuni en décembre 1880
avait eu l'idée de soumettre au Congrès universel une proposition tendant
à fixer à Rome, capitale du catholicisme, le siège du prochain Congrès.

C'est cette proposition que nous avons
examinée conformément à votre décision
prise dans la séance du mardi 20 septembre.

La Commission, composée de onze
membres, s'est réunie et, après s'être
constituée, a discuté la proposition.

A l'unanimité la Commission a adopté
la proposition de tenir le prochain Congrès à Rome.

Une discussion s'est engagée seulement sur la question des voies et moyens.
On a fait à cet égard plusieurs observa-
tions qui peuvent être résumées ainsi :

1° Il n'existe pas, à Rome, de groupes
organisés de Libre-Pensée.

Il a été répondu que s'il n'existait pas à
Rome de groupes constitués, il y avait
aussi, dans la ville papale, un grand nombre de libres-penseurs ne faisant pas partie des groupes, dont quelques-uns siègent

au Parlement. On commencerait par se
mettre en rapport avec eux et l'on obtien-
drait tous les renseignements nécessaires
pour amener la réussite du Congrès ;

2° Rome est éloignée de nos centres
libres-penseurs. Les frais de voyage et
de séjour y sont dispendieux.

Il a été répondu que tous les libres-
penseurs du monde comprendraient sans
doute l'importance de la réunion du Congrès dans la ville des Césars et des papes,
et qu'à l'aide de conférences, d'articles
de journaux, d'appels individuels et col-
lectifs, on réunirait sans doute des fonds
en quantité suffisante pour subvenir à
l'envoi de délégués en Italie.

Votre rapporteur ne croit pas devoir
reproduire ici les excellents arguments
qui ont été mis en avant pour décider du
choix de Rome, malgré la distance et les
périls que l'on peut rencontrer dans une
ville si longtemps la proie d'un clergé
tout-puissant, qui, s'il n'a plus la force
séculière, dispose encore de ce formidable
pouvoir que donnent sur des populations
ignorantes et crédules en majeure partie,

l'imposture, la fraude et le servage de
l'habitude. Ce péril même a paru à votre
Commission un argument en faveur du
choix préféré. C'est là où est le danger
que le soldat doit courir, c'est là où trône
encore celui qui s'appelle le vicaire de
Jésus-Christ, que les libres-penseurs doivent aller planter le drapeau de la Science
et de la Justice.

Une autre raison encore, — d'un ordre
tout accidentel, — a pesé sur la décision de votre Commission.

Bien que les bancs de nos délégués
soient très garnis, vous avez pu y remarquer quelques vides, qui ne proviennent
pas de notre fait, et que nous regrettons
cependant profondément. Les délégués
anglais n'ont pas voulu accepter la décision du Congrès de Bruxelles, qu'ils
avaient cependant votée, et ont refusé de
se rendre à Paris. Nous n'avons pas à
entrer dans les détails de cette division
qui ne saurait, en aucun point, être impu-
table à la Fédération française qui n'a fait
qu'exécuter le vote du Congrès universel
tenu à Bruxelles en septembre 1880,

mais nous faisons des vœux pour que
cette scission regrettable à tous égards et
préjudiciable surtout à la propagande
internationale, sans distinction de ban-
nières et de nationalités, de l'association
universelle des libres-penseurs, vienne
à cesser le plus prochainement possible.

Pour cela nous croyons que la fixation
du Congrès prochain à Rome sera le meilleur moyen. Les objections injustes et
contraires au vote de l'an dernier, pré-
sentées par le Conseil général de Londres
contre Paris, ne sauraient exister contre
Rome. Nous espérons donc que les membres du Conseil anglais se réuniront à
nous dans la ville qui peut être considérée
comme le foyer de la superstition et le
centre de l'ennemi commun. En nous
rendant à Rome l'an prochain, nous espérons y rencontrer les libres-penseurs
anglais et leur serrer fraternellement la
main en leur disant : Ce n'est pas Paris
et les Parisiens qu'il faut accuser ou combattre, c'est le Pape, c'est l'Eglise, c'est
la Religion qu'il faut attaquer en face en
marchant côte à côte sous le drapeau de

la Fédération universelle de la Libre-Pensée, en attendant que nous marchions ensemble à l'assaut des Tyrannies politiques et des Servitudes sociales sous le drapeau international de la Fédération des Peuples !

Le Rapporteur,
E. LEPELLETIER
Délégué de Bordeaux.

1er *Rapport de la Commission*
des vœux

1º Le Congrès universel des Libres-Penseurs de 1882 aura lieu à Rome ;

2º Une Commission de quinze membres sera nommée dans la séance du 22 septembre, à l'effet d'organiser le Congrès de Rome, de préparer les conférences et de faire la publicité nécessaire à l'exécution de cette décision ;

3º Cette Commission, nommée au scrutin de liste secret et par appel nominal des groupes, entrera en rapport avec tous les groupes, et fonctionnera immédiatement. (Si la Commission reconnaissait, six mois avant l'époque fixée pour la réunion du Congrès à Rome, un empêchement pour une cause quelconque, elle convoquera de plein droit un Congrès universel à Paris, ayant pour unique objet la fixation d'une autre ville, pour le siège du Congrès de 1882.)

Sur le paragraphe 1er, un délégué

demande à ce que le mot « *socialistes* » soit ajouté à Libres-Penseurs.

Après discussion pour et contre l'adjonction du mot « *socialistes* », il est demandé que l'on passe au vote par appel nominal.

Pour l'adjonction du mot « *socialistes* » à « *Congrès international des Libres-Penseurs* », 33 groupes ont voté pour, qui sont : 3e, 11e, 12e, 13e, 14e, 15e, 17e, 20e arrondissements de Paris, Charenton, Cercle social des femmes, Comité des femmes, Conseil fédéral socialiste, Cosmopolitains de Bruxelles, Epernon, le Havre, Jeunesse socialiste, Lavaveix-les-Mines, Lézignan, Lille, Lyon, Levallois-Perret, Nantes, Noisy-le-Grand et Petit-Brie réunis, Ivry-sur-Seine, Rive-Gauche, Rouen, Saint-Denis (groupe 1870), Saint-Pierre-lès-Calais, Saint-Germain-en-Laye, Tulle, Vincennes, Ixelle, Valence.

22 groupes ont voté contre, qui sont : 4e, 10e, 18e, 19e arrondissements de Paris, Beauvais, Bordeaux, Cognac, Escales, Gruizan, Guerchy, Libre-Pensée de

Bruxelles, Morlaix, Liége, Narbonne, Saint-Denis (les Amis du Progrès), Saint-Nazaire, Saint-Étienne, Jeune France, Sens, Villeneuve-sur- Yonne, La Ruche Libre, Reims.

Le paragraphe 1er de la Commission est changé ainsi qu'il suit : « Le prochain *Congrès international des Libres-Penseurs socialistes* se tiendra à Rome. »

Sur le paragraphe 2, « de la nomination d'une Commission de quinze membres pour organiser le Congrès de 1882, » un délégué fait remarquer qu'il y aurait danger de nommer cette Commission qui fera un pouvoir en dehors de la Fédération, qui elle-même a organisé le Congrès de 1881 ; il demande en outre qu'il soit laissé à la fédération le soin de préparer le Congrès de 1882.

Cette proposition n'est pas prise en considération.

Il est procédé à la nomination de quinze membres pour organiser le Congrès de 1882. Sont élus par appel nominal, et au bulletin secret, les citoyens: Amouroux, 42 voix ; Canivet, 38 ; Lepelletier, 37; Périnelle, 37; Brisson, 35; Richard, 31; Pempel, 31; Van-Caubergh, 30; citoyenne Bonnevial, 29; citoyens Bergerol, 28; Digeon, 23; citoyennes La Cécillia, 22; Van der Sleyden, 20; citoyens Charlier, 19; Deluc, 18. — 44 groupes ont pris part au vote.

Des modifications à apporter aux statuts de la Fédération internationale sont proposées au Congrès préparatoire des 5 et 6 décembre 1881 et 1er mai 1881 :

1° A l'article premier : remplacement du mot « *rationaliste* » par le mot « *athée* » ;

2° A l'article deuxième même modification, et remplacement des mots : « *préjugés religieux* », par les mots : « *tous les préjugés et surtout les préjugés religieux* ».

3° A l'article troisième, remplacement des mots : « *Le siège est à Londres* », par les mots : « *Le Congrès universel fixera chaque année le siège du Conseil général pour l'année suivante* ».

Rapport de la Commission

Sur l'article premier, la Commission :

Considérant que, si la plupart des libres - penseurs préfèrent l'épithète d'« *athée* » à celle de « *rationaliste* », comme plus explicite et plus énergique, il est bon néanmoins, dans l'intérêt de la propagande, de ne pas éloigner de la Fédération :

1° Les spiritistes qui font cause commune avec les athées contre toutes les religions positives, c'est-à-dire révélées ;

2° Les positivistes qui, tout en combattant à la fois les religions positives et le pur déisme, repoussent le mot d'« *athéisme* » parce qu'il leur paraît, à tort ou à raison, impliquer la possibilité de résoudre cet ordre de questions par la métaphysique plutôt que par la méthode expérimentale ;

La Commission propose de dire :

« Société rationaliste et athéistique. »

Une vive discussion s'engage sur cette modification.

Trois propositions sont déposées :

1° Maintien du mot « rationaliste », pur et simple ;

2° Proposition des mots : « Société athéistique et matérialiste ».

3° Le projet de la Commission : « Société rationaliste et athéistique ».

Il est procédé au vote, par appel nominal, de la manière suivante :

Sur la première proposition, par contre, 13 voix ;

Sur la deuxième proposition, par abstention, 15 voix ;

Sur la troisième proposition, par pour, 22 voix.

Le rapport de la Commission est adopté.

Rapport de la commission sur l'article deuxième

Considérant que le socialisme est la conséquence logique et naturelle de l'affranchissement religieux de la pensée humaine ; mais estimant qu'il importe de conserver comme méthode de la division du travail qui peut, seul, assurer le succès de la grande armée des soldats du progrès ; la Commission croit remplir les deux conditions en proposant la réduction suivante :

« Le préjugé religieux qui est la source et le soutien de tous les autres. »

Le Rapporteur,
DELUC.

Le rapport de la Commission est adopté à la majorité.

Sur l'article troisième

La Commission accepte la modification.

En conséquence, le Congrès de 1882 est chargé de fixer le siège du conseil général pour 1883.

Vœu déposé par le groupe du 18ᵉ arrondissement de Paris :

« Le Sacré-Cœur, bien de main morte. »

En raison de sa position topographique, le 18ᵉ arrondissement de Paris se trouvant dans une situation exceptionnelle, propose au Congrès la résolution pratique dans le plus bref délai.

———

Exposé des Motifs

L'Assemblée de Versailles, dans sa séance du 26 juillet 1873, a voté, à une majorité relativement imposante, une loi déclarant d'utilité publique l'expropriation de la *Butte Montmartre*.

Les terrains expropriés devaient être affectés à la construction d'une église vouée au Sacré-Cœur de Jésus. Et le rapporteur, organe dévoué de la faction cléricale, dont se composait la majorité réactionnaire à cette époque, a eu bien soin de glisser, dans les considérants de la loi, que l'érection de ce monument serait une juste expiation des crimes commis par la Commune de Paris de 1871. Obtempérant au vœu de la loi, et tenant à honneur de justifier l'épithète de *gou-*

vernement des curés que l'opinion publique révoltée lui avait spirituellement infligée, le gouvernement présidé par Mac-Mahon a fait don à monseigneur l'archevêque de Paris, des terrains expropriés transformés ainsi en bien de main-morte. La gent cléricale n'a pas perdu de temps, elle a poussé les travaux avec une grande activité et, surmontant les difficultés inhérentes à la nature du terrain, elle est parvenue presque à faire sortir le monument des entrailles de la Butte.

Au nom de la Libre-Pensée universelle, au nom des libres-penseurs du 18me arrondissement, particulièrement indignés du spectacle révoltant qui s'étale journellement sous leurs yeux et qui reproduit si bien les scènes burlesques de Lourdes et de la Salette, les délégués demandent purement et simplement le rapport de la loi du 26 juillet 1873, qui exproprie la Butte Montmartre.

Une Commission spéciale statuera ultérieurement s'il y a lieu d'accorder une indemnité aux possesseurs actuels des terrains expropriés. Les délégués deman-

dent en outre que, sur l'emplacement du
Sacré-Cœur, soit édifié un établissement
philanthropique ou scientifique quelconque.

Résolution de la Commission
des vœux

L'église du Sacré-Cœur de Montmartre
sera supprimée, et sur son emplacement
sera élevé un établissement d'intérêt pu-
blic.

Vœu pour la création de Bibliothèques

Considérant que l'instruction, telle que
nous la désirons, n'est pas encore sur le
point d'être établie;

Considérant qu'il est du devoir de la
Libre-Pensée d'y remédier dans la limite
de ses moyens,

Le Congrès invite tous les groupes de
la Libre-Pensée à faire des cours et des

conférences, où l'histoire vraie et la science moderne seraient enseignées, ainsi qu'à former des bibliothèques où les livres scientifiques socialistes et anticléricaux seraient à la disposition de tout le monde.

Rapport de la Commission des vœux

La Commission des vœux avait été d'abord saisie, par la jeunesse socialiste et par le groupe du 18e arrondissement de Paris, de deux vœux analogues.

Ces citoyens demandaient que chaque groupe prît l'initiative de la fondation de bibliothèques formées de livres laïques et destinés à l'éducation de tous.

Le délégué du 18me arrondissement demandait encore que dans le cas où le groupe manquerait des ressources suffisantes, la Commission administrative du groupe se mît en rapport avec des librairies afin d'avoir des dépôts des principaux libraires.

Le délégué du 10me arrondissement a fait alors remarquer que le principe du vœu, si excellent qu'il soit, resterait toujours platonique dans l'exécution.

Les groupes manquent pour la plupart de ressources ; de plus les librairies ne se soucieront certainement pas, dans l'état actuel de nos mœurs, de confier à des Sociétés comme les nôtres des livres qui représentent parfois une somme relativement élevée ; le même délégué a fait remarquer en outre que notre littérature laïque, surtout au point de vue des livres d'éducation, était complétement pauvre ; la plupart des livres soi-disant laïques contiennent tous des notions métaphysiques qu'il faut absolument proscrire, et le choix des ouvrages serait difficile.

Il existe à Paris une Société coopérative dont les actions sont de cinquante francs. Cette Société a déjà édité un certain nombre d'ouvrages destinés à remplacer les ineptes livres de prix, édités sous le patronage de leurs seigneurs les évêques :

La librairie d'éducation laïque, fondée par nos amis Talandier, Lanessan, Reclus, Lepelletier, Canivet, Perinelle, etc., etc.

La Commission, sur la proposition du délégué du 10ᵐᵉ arrondissement et à l'unanimité, soumet à votre approbation le vœu suivant :

Le Congrès de 1881 émet le vœu de voir se créer une bibliothèque spéciale de la Libre-Pensée et renfermant, outre les chefs-d'œuvre de Diderot, D'Helvetis, d'Holbach, de Lamettrie, etc., des livres nouveaux, débarrassés de tous les préjugés religieux ou autres, et engage les groupes de la Libre-Pensée à aider les Sociétés qui, comme la librairie d'éducation laïque, se sont donné cette tâche éminemment utile.

Le Rapporteur,

RAOUL CANIVET.

Le rapport de la Commission est adopté à l'unanimité.

Vœux pour la création de Congrès régionaux

La Commission des vœux m'a chargé de rapporter devant vous les deux vœux suivants, qu'elle a adoptés à l'unanimité.

Ces vœux ont été déposés par moi au nom des délégués du groupe de la Libre-Pensée du 10ᵐᵉ arrondissement de Paris.

1° Congrès régionaux de la Libre-Pensée.

(Ce Congrès émet le vœu que pendant l'intervalle des Congrès internationaux, des Congrès régionaux de la Libre-Pensée aient lieu dans les principaux centres de chaque pays.)

Je crois qu'il est superflu d'insister sur l'utilité de ces Congrès. Il est nécessaire de donner aux sociétés de libres-penseurs le plus grand développement possible, et à cet égard des Congrès tenus dans les principaux centres de républicains socialistes et de libres-penseurs donneraient aux groupes déjà existants une impulsion féconde et aux libres-penseurs isolés l'idée de se réunir pour le bon combat.

Il en résulterait aussi une cohésion et une entente plus grandes.

Les idées s'élucideraient, les malentendus se dissiperaient.

Enfin, lorsque les Congrès internationaux tiendraient leurs assises, on entendrait des orateurs mieux préparés à la discussion, plus éclairés sur les votes à émettre. J'espère que vous voudrez bien voter ce vœu qui s'applique aussi bien à la France qu'aux pays étrangers ; un membre de la Commission, délégué de Bruxelles, a rappelé d'ailleurs qu'en Belgique des Congrès nationaux se réunissaient dans les principales villes du pays.

Je demande au Congrès de voter ce vœu, mais, m'adressant aux délégués français, je les prie de vouloir bien me permettre de leur soumettre la proposition suivante :

La Commission d'organisation, nommée par le Congrès, d'accord avec les délégués de la Fédération française se mettront en rapport avec les délégués de la province pour organiser des Congrès régionaux dans les villes suivantes : Bordeaux, le Havre, Lille, Marseille, Narbonne, Reims ;

Laissant d'ailleurs à la Commission le soin de choisir les dates de ces Congrès et les voies et moyens de les rendre profitables à notre cause.

Le Rapporteur,
RAOUL CANIVET.

Le rapport de la Commission est adopté à l'unanimité.

La séance est levée le jeudi 22 septembre, à minuit et demi, aux cris répétés de : « Vive la Révolution sociale ! Vive la Commune ! »

Banquet du Congrès

A la suite du congrès, la Fédération française des groupes socialistes de la Libre-Pensée de Paris et de la Banlieue offrit aux délégués de la province et de l'étranger un banquet où divers toasts furent portés.

Le citoyen Lepelletier, remercie l'assemblée de l'avoir choisi pour diriger les débats ; il donne lecture d'un article du journal l'*Univers* qui voue tous ceux qui ont assisté au Congrès aux flammes éternelles de l'enfer, ce qui fait beaucoup rire l'assemblée, et parle ensuite en faveur de l'émancipation de la femme, et contre les tyrannies, qu'elles viennent du ciel ou de la terre.

Le citoyen Van Cauberg, délégué de Bruxelles, remercie les délégués des groupes français pour le bon accueil qu'il en a reçu ; il dit que nous devons nous inspirer des grands principes de la Révolution Française et concourir à l'autonomie communale, et boit à la République Universelle, Démocratique et Sociale.

Le citoyen Mougnot, délégué de Rouen, remercie également la Fédération de son bon accueil.

Le citoyen Canivet, se levant dit : Je bois à la haine de toutes les formules, de toutes les phrases, de toutes les hypocrisies.

Je bois à la haine du cléricalisme et à la mort de l'opportunisme.

Je bois à la haine des dieux, qui représentent une autorité.

Je bois à la haine de l'idée de dieu.

Ces paroles furent couvertes d'applaudissements.

Le citoyen Amouroux : — En ce moment, où nous clôturons nos travaux, des hommes (parlant de la guerre de Tunisie) s'égorgent au nom d'un dieu.

Je bois à la disparition de toute religion.

Le citoyen Dumesnil : — Je bois au triomphe de l'opportunisme, par les socialistes de ce vingtième, d'où sortit l'idée de la Libre-Pensée qui nous réunit aujourd'hui.

Divers citoyens prirent encore la parole tels que les citoyens Mauvoisin, Bergerol, Brisson, Pempel, Vignes, Dijean, Deluc, Léo-Taxil.

Ensuite la séance est levée au cris de : « Vive la Libre-Pensée! » et au cris de : « A Rome! A Rome !! »

EDMOND TOUSSAINT.

Adresse de Remerciement envoyée par la Commission d'organisation du Congrès, au nom de la Fédération Française.

La Commission d'organisation du Congrès universel de la Libre-Pensée qui a tenu ses assises à Paris, les 18, 19, 20, 21 et 22 septembre 1881, dans la salle du théâtre Oberkampf, rue Oberkampf, 109, réunie aujourd'hui jeudi 29 septembre 1881, au siège social, salle Wattel, rue de Rambuteau, 61, a décidé, à l'unanimité des membres présents, qu'il y avait lieu d'adresser des remerciements à tous les groupes de province et de l'étranger qui ont envoyé des délégués au Congrès ; aux Loges Maçonniques, ainsi qu'aux groupes d'études sociales, qui, par leur présence et leur concours, ont contribué au succès et à l'éclat de cette œuvre anti-cléricale dont le but est la suppression de tous les préjugés religieux et sociaux et l'émancipation de tous les travailleurs, ainsi qu'à la presse démocratique

7

et intransigeante, qui nous a été d'un si puissant appui par sa publicité toute gracieuse.

Nous ne pouvons donc trop engager tous les groupes d'études sociales, ainsi que les groupes ou sociétés d'ouvriers, à s'affilier à la Fédération de la Libre-Pensée et à y envoyer des délégués afin d'unir toutes nos forces et former un faisceau compact pour marcher à la revendication de nos droits et de nos libertés.

Vive la Révolution Sociale !

Pour la Commission d'organisation :

Les Membres présents,

CARRIÈRE, GROSETÊTE, MALCHER, MARÇAIS, TOUSSAINT.

La lettre suivante a été adressée aux citoyens Clémenceau et Lafont :

Paris, le 16 janvier 1882.

Citoyens,

Dans sa séance du 22 septembre dernier, le Congrès universel de la Fédération française de la Libre-Pensée, réuni salle Oberkampf, a décidé que chaque groupe enverrait au député de sa circonscription une copie littérale des résolutions adoptées successivement dans les séances précédentes.

L'initiative de cette proposition, qui émane des délégués du dix-huitième arrondissement, a paru excellente au Congrès, au point de vue de la publicité de ses travaux, et surtout à cause de l'appui moral qu'elle pouvait donner aux représentants républicains libres-penseurs ayant promis la séparation de l'Eglise et de l'Etat, et disposés à la demander au Parlement.

Jusqu'à présent, la situation particulière faite au dix-huitième arrondissement par la double élection du 21 août 1881, a seule empêché la réalisation de ce vœu.

Aujourd'hui, la situation n'étant plus la même, le Conseil d'administration a pensé que le moment était venu de faire passer dans le domaine des faits les résolutions théoriques adoptées par le Congrès de 1881.

En conséquence, il vient vous informer que les délégués des quarante-cinq groupes, réunis en Congrès dans la salle du théâtre Oberkampf, ont voté, sous forme de vœu, les résolutions suivantes :

« 1. Dénonciation des concordats;

« 2. Séparation des Eglises et de l'Etat ;

« 3. Suppression du budget des cultes;

« 4. Suppression des immunités, privilèges et exemptions de toute sorte accordés aux ministres des cultes ;

« 5. Suppression de tout enseignement religieux dans les écoles publiques ;

« 6. Liberté entière d'association, même pour les congrégations religieuses qui devront préalablement rentrer dans le droit commun et ne pourront prétendre à la reconnaissance de la personnalité civile. Dans la pratique, le régime des fidéi-commis leur sera interdit ;

« 6 (bis). Abolition des biens de mainmorte ;

« 7. Restriction, d'abord, et puis abolition de l'héritage ;

« 8. La famille n'a, au point de vue de l'éducation philosophique et religieuse, aucun droit sur l'enfant, et ne peut conséquemment lui inculquer des notions théologiques condamnées par la science ;

« 9. Le droit d'enseigner dans les écoles tant publiques que privées doit être légitimement subordonné à certaines conditions de moralité et de capacité ;

« 10. Abolition de la peine de mort ;

« 11. La Libre-Pensée devant exercer une grande influence sur les questions sociales en débarrassant l'esprit de tout ce qui est contraire à la science et à la verité, les groupes devront apporter leur concours aux Congrès socialistes ouvriers ;

« 12. Des Congrès régionaux auront lieu entre chaque Congrès international ;

« 13. Chaque groupe de la Libre-Pensée devra prendre l'initiative de la formation d'une bibliothèque ;

« 14. L'église du Sacré-Cœur de Montmartre sera supprimée, et sur son emplacement sera élevé un hôtel des invalides civils ou un établissement scientifique.

« 15. Enfin, le Congrès a décidé de fixer à Rome le siège du Congrès de 1882; une Commission de quinze membres est chargée de préparer des conférences, d'ouvrir des souscriptions et de faire les publications nécessaires afin de réunir des fonds en quantité suffisante pour subvenir à l'envoi de deux délégués au moins par groupe ;

« Cette Commission est composée :

« Des citoyens Lamouroux, Raoul Canivet, Edmond Lepelletier, Perinelle, Brisson, Emile Richard, Pempel, Van Caubergh, Bergerol, Digeon, Charlier, Deluc ;

« Et des citoyennes Bonnevial, La Cécillia et Van der Sleyden. »

Voilà en substance, citoyens, les travaux accomplis par le Congrès de 1881. Ce programme, très incomplet il est vrai, représente néanmoins la somme des réformes possibles et réalisables en ce moment. Nous comptons sérieusement sur votre dévouement à la cause démocratique et anticléricale pour revendiquer à la tribune du Parlement ces libertés primordiales, et nous avons la certitude que nos efforts combinés ne seront pas perdus.

Nous insisterons particulièrement, si vous le voulez bien, sur l'abrogation de la loi des 24-31 juillet 1873, relative à l'église du Sacré-Cœur. Habitants de Montmartre et libres-penseurs matérialistes' il nous est extrèmement désagréable de voir défiler journellement des processionnards gravissant la butte en se livrant à des pratiques religieuses idiotes, peu en harmonie avec l'esprit émancipateur du dix-neuvième siècle.

Veuillez donc, citoyens, donner, par la voie de votre journal, la plus grande publicité à notre communication et lui faire obtenir la consécration légale qu'elle implique. Vous accomplirez ainsi le vœu du Congrès et vous hâterez la solution d'une des plus graves questions du problème social. Et l'Esprit humain, dégagé de toute entrave surnaturelle, reprendra hardiment et sans interruption sa mar-

che vers l'idéal de liberté et de bien-
être auquel aspire sans cesse l'humanité.

Salut fraternel.

Pour le Conseil d'administration :

Le Secrétaire,

PIGASSOU.

32, rue de Chartres.

RAPPORT

DE LA

COMMISSION D'ORGANISATION

DE LA

LIBRE-PENSÉE

SUR LE

CONGRÈS DE ROME

1882

LA COMMISSION D'ORGANISATION
DU CONGRÈS UNIVERSEL DES LIBRES-PENSEURS
SOCIALISTES A ROME

*A tous les groupes de la Libre-Pensée,
sociétés anticléricales, groupes rationalistes, athées, loges maçonniques, et
aux libres-penseurs ne faisant encore
partie d'aucun groupe ou d'aucune association :*

Citoyennes, Citoyens,

Conformément à la décision prise par
le Congrès universel des Libres-Penseurs

réuni à Paris, au mois de septembre 1881, la Commission d'organisation du Congrès de Rome vous informe que le Congrès devant avoir lieu vers la fin de septembre 1882, elle a arrêté l'ordre du jour suivant :

1. — Des bases scientifiques de la morale.

2. — De l'influence des diverses théories scientifiques (darwinisme, positivisme, etc.) sur l'avenir et l'organisation des sociétés.

3. — De la méthode scientifique en matière d'éducation.

4. — Des rapports de l'Etat avec les Eglises dans les sociétés contemporaines, et en particulier de la loi des garanties.

5. — De l'influence de la Libre-Pensée sur l'abrogation des lois qui consacrent les inégalités sociales, notamment entre la femme et l'homme, entre les enfants légitimes et les enfants naturels.

6. — De l'influence de la Libre-Pensée sur les rapports internationaux.

Nous vous invitons à étudier ces questions, à les soumettre à l'étude des groupes, afin que les délégués au Congrès de Rome soient munis des cahiers de leurs groupes.

Dans le cas où vous verriez quelques questions à ajouter, veuillez nous les faire parvenir avant le 1er juin. Ces questions, après examen, seront transmises au Congrès.

La Commission croit devoir vous rappeler qu'il est indispensable de coopérer, d'une façon efficace, aux frais du Congrès.

On souscrit dès à présent chez la citoyenne Sleyden, 18, rue du Val-de-Grâce à Paris.

Les souscriptions des groupes et les souscriptions individuelles seront publiées dans les journaux.

Nous ne saurions trop vous engager à organiser des réunions et des conférences

pour donner au Congrès de Rome le plus
d'extension possible.

La Commission du Congrès se tient à
votre disposition pour tous les renseignements qui vous seront nécessaires et pour
l'organisation des conférences.

Nous vous adressons une première
liste d'adhésions.

LA COMMISSION D'ORGANISATION.

Pour la commission :

Les secrétaires,

BERGEROL. — CHARLIER.
PEMPEL. — SLEYDEN.

La Commission d'organisation est ainsi
composée :

AMOUROUX. — BERGEROL. —
TH. BRISSON. — Citoyenne
BONNEVIAL.—Raoul CANIVET.
— Citoyenne LA CÉCILLIA. —
CHARLIER. — DELUC. —
E. DIGEON. — Edmond
LEPELLETIER. — PEMPEL. —
PERRINELLE. — Emile RI-
CHARD.—Citoyenne SLEYDEN.
— VAN CAUBERG.

Adresser *provisoirement* les lettres et adhésions au citoyen Pempel, 153, rue Lafayette, à Paris.

Trésorier : La citoyenne SLEYDEN, 18, rue du Val-de-Grâce, à Paris.

Nice — Imprimerie V.-E. Gauthier et C⁰.

www.ingramcontent.com/pod-product-compliance
Lightning Source LLC
Chambersburg PA
CBHW052124090426
42741CB00009B/1937

ERCOLE
AMANTE.

TRAGEDIA.

Reprefentata per le Nozze delle Maeftà
Chriftianiffime.

HERCVLE
AMOVREVX.

TRAGEDIE.

Reprefentée pour les Nopces de leurs Majeftez
Tres-Chreftiennes.

A PARIS;
Par ROBERT BALLARD, feul Imprimeur du Roy,
pour la Mufique.

M. DC. LXII.
Auec Priuilege de fa Maiefté.

ERCOLE
AMANTE.
TRAGEDIA.

ARGOMENTO.

Auendo Ercole foggiogata l'Eocalia, Hyllo figlio di llui, & Iole figlia del vinto Re Eutyro arferò di reciproco affetto, e non molto dopo innamoratofi della medefima anche Ercole la chiefe per moglie al di lei Padre, che non confapeuole ancora dell' impegno di effa con Hyllo la Promife, & informatone poi la negò, onde il femideo offefo di ciò l'vccife, che però tanto più diuenuta Iole auuerfa al rifiutato amante, Venere come di lul amica, defiderofa di rendergliela propitia, e diffidando poter per ciò difporre di Cupido à fua voglia, hà ricorfo à gl'incanti, à che Giuno altretanto contraria ftudiofamente s'oppone; trà gli auuenimenti della qual gara auuiftofi Ercole della ri-